DE

L'ASSISTANCE JUDICIAIRE

AVANT LA LOI DU 22 JANVIER 1851

⋆

DISCOURS

PRONONCÉ

A LA SÉANCE SOLENNELLE DE RENTRÉE DES CONFÉRENCES
DES AVOCATS STAGIAIRES

Le 11 janvier 1879

PAR

A. CLÉMENT-PALLU DE LESSERT

Avocat à la Cour d'appel, Secrétaire de la Conférence

POITIERS

IMPRIMERIE DE A. DUPRÉ

RUE DE LA PRÉFECTURE

—

1879

BARREAU DE POITIERS

DE

L'ASSISTANCE JUDICIAIRE

AVANT LA LOI DU 22 JANVIER 1851

DISCOURS

PRONONCÉ

A LA SÉANCE SOLENNELLE DE RENTRÉE DES CONFÉRENCES
DES AVOCATS STAGIAIRES

Le 11 janvier 1879

PAR

A. CLÉMENT-PALLU DE LESSERT

Avocat à la Cour d'appel, Secrétaire de la Conférence

POITIERS
IMPRIMERIE DE A. DUPRÉ
RUE DE LA PRÉFECTURE
—
1879

Le samedi 11 janvier 1879, à deux heures, l'Ordre des avocats à la Cour d'appel de Poitiers s'est réuni en robes, dans la salle d'audience de la première chambre de la Cour, pour l'ouverture de la Conférence des avocats stagiaires.

Étaient présents : M. Arnault de la Ménardière, bâtonnier; MM. Th. Ducrocq, chevalier de la Légion-d'Honneur; Parenteau-Dubeugnon, Thézard, Orillard et Druet, membres du Conseil de l'Ordre; MM. Faure, Le Courtois, Normand, Bonnet, Broussard, Pichot, Séchet, Gondinet, Vacher-Lapouge et Roblin, avocats inscrits au tableau.

La barre était occupée par MM. les avocats stagiaires.

M. le Bâtonnier a ouvert la séance et prononcé une allocution.

Il a donné successivement la parole aux avocats stagiaires chargés de prononcer les discours de rentrée de la Conférence.

M. Clément-Pallu de Lessert lit un discours sur l'*Assistance judiciaire avant la loi de 1851*.

M. Gavet prononce ensuite l'éloge de *M. Alphonse Lepetit, ancien Bâtonnier de l'Ordre*, mort dans le cours de la précédente année.

Après ces deux discours, M. le Bâtonnier consulte le Conseil de l'Ordre, qui, suivant l'usage, ordonne leur impression aux frais de l'Ordre.

M. le Bâtonnier rappelle en outre que le Conseil de l'Ordre a nommé secrétaires de la Conférence des avocats stagiaires pour l'année 1879 : MM. Clément-Pallu de Lessert, Gavet, Charpentier et de Roffignac.

Il règle le service de la Conférence pour les séances ultérieures, fixées, suivant l'usage, au samedi de chaque semaine, à deux heures précises.

Il déclare ensuite la séance levée.

Poitiers, les jour, mois et an que dessus.

DE
L'ASSISTANCE JUDICIAIRE

AVANT LA LOI DU 22 JANVIER 1851

Monsieur le Batonnier,

Messieurs,

La justice doit être une pour tous. Pour elle il n'est ni grands ni petits, ni riches ni pauvres, ni puissants ni faibles, ou plutôt il ne doit y avoir de puissants que ceux qui ont de leur côté le bon droit, de faibles que ceux qui s'appuient seulement sur l'astuce ou sur l'iniquité; et c'est en la considérant à ce point de vue que les peintres et les poëtes ont été conduits à la représenter les yeux couverts d'un impénétrable bandeau.

Le but ne serait cependant pas atteint si l'on s'en tenait là. Il ne suffit pas, en effet, que ceux qui pénètrent dans le palais soient sûrs d'y trouver des oreilles pour les écouter, des bouches pour proclamer leur bon droit; il faut encore quelque chose : c'est qu'ils puissent y pénétrer, c'est que l'accès du prétoire leur soit facile, c'est que si leur voix est trop faible pour se faire entendre, d'autres voix soient prêtes à lui porter secours. Alors seulement l'on pourra dire que le but est atteint et que la justice est vraiment une pour tous.

Mais, ne nous le dissimulons pas, le problème à résoudre est délicat ; car si, d'une part, il est juste de protéger le faible contre le fort, d'autre part il ne faut pas que le pauvre trouve dans sa pauvreté les moyens d'inquiéter un plus heureux que lui. Le pauvre (et la chose s'explique, car il souffre, et toute souffrance aigrit) est plus porté à se plaindre, à accuser le prochain de ses malheurs. Il ne faut donc pas que ses cris empêchent d'entendre la voix de son adversaire ; il ne faut pas que l'aide qu'on lui offre devienne un moyen de vexation légale contre celui dont l'injustice consiste à avoir reçu de la Providence un trésor plus grand à faire fructifier.

Je n'ai pas, Messieurs, à vous présenter ici une théorie de l'assistance judiciaire, à vous dire ce qu'elle doit être ; je n'ai pas à examiner si l'organisation actuelle remplit bien son but. Cette étude, cette critique ne conviendraient pas à ma jeunesse et à mon inexpérience des hommes et du droit. Le côté purement historique de la question, voilà ce que j'ai à envisager aujourd'hui. Et encore n'irai-je pas, fouillant les vieux restes des législations mortes, exhumer ce que les peuples antiques ont pu faire pour le pauvre. Je n'irai pas non plus demander aux étrangers ce qu'ils font. A mes investigations je donnerai un champ plus modeste, mais immense encore : je ne sortirai pas de la France. Prenant notre patrie au jour de son enfance, je vous montrerai rapidement la part de chacun dans cette grande œuvre de l'assistance du pauvre et du faible ; je vous montrerai cette assistance sous ses deux formes : je vous dirai d'abord ce qu'ont fait les ordonnances de nos rois et la jurisprudence des Parlements ; je vous parlerai des priviléges créés en faveur des indigents. Abordant ensuite la partie la plus originale de mon travail, celle qui répond le mieux à son titre, nous étudierons ensemble diverses institutions fondées et organisées dans le but de faciliter aux pauvres l'accès de la justice : avocats, bureaux, Conseils des pauvres. C'est alors que nous pourrons voir le rôle joué par notre Ordre dans cette belle expansion de charité. Quand toutes ces institutions auront sombré dans la tourmente révolutionnaire, nous aurons à voir comment, après la tempête, l'Ordre, à qui il est permis de reprendre ses anciennes traditions, n'aura garde d'oublier celle qui l'oblige à tenir sa porte ouverte à tous. Enfin la loi de 1851 sera le terme de cette course, que je m'efforcerai de rendre aussi rapide que possible (1).

J'ose espérer, en même temps, que ce discours vous intéressera, non pas que j'éprouve une grande confiance en moi-même (il est, Messieurs, des auditoires qui ont le droit d'être difficiles, et devant lesquels il est permis de trembler), je crois seulement qu'il y a dans mon sujet de quoi faire oublier sans peine l'insuffisance de l'orateur.

I.

Si les ordonnances de nos rois ne nous offrent, jusqu'à Henri IV du moins, aucune trace d'une organisation uniforme de l'assistance judiciaire, nous y trouvons du moins assez de textes pour avancer que la cause des pauvres ne fut jamais oubliée par le législateur. Je passe rapidement

___

(1) Diverses monographies sur les priviléges des pauvres ont été publiées, tant en France qu'en Allemagne, du xvie au xviiie siècle. Elles sont fort rares; je n'en ai pu trouver aucune. On en trouve la nomenclature dans la *Bibliotheca realis juridica* de Lipenius, vo PAUPER.

sur les premiers monuments de notre législation ; ils pourraient, je le sais, nous fournir de curieux documents, mais cette époque se rattache trop peu à la nôtre par ses institutions. Aussi bien le temps me presse et je ne veux pas abuser de vos instants. Cependant les Capitulaires de la seconde race nous offrent de nombreuses preuves de la sollicitude qu'inspiraient aux princes les causes de ceux qu'ils appelaient *miserabiles personæ*, c'est-à-dire les veuves, les orphelins, les indigents. Tantôt l'empereur ordonne aux juges d'entendre les premières les causes des pauvres ; tantôt il leur recommande de prendre des mesures pour que les plaideurs indigents, les veuves, les orphelins soient toujours pourvus d'avocats, et pour qu'ils ne soient pas circonvenus par leurs adversaires plus riches ou plus habiles. L'homme de loi qui refuse sans motif la cause qu'on lui confie dans de pareilles conditions doit être destitué ou interdit de ses fonctions.

Au XIIIe siècle, le Parlement est devenu une Cour permanente de justice ; il siége à Paris, à certaines époques fixes de l'année, jugeant les appels des juridictions inférieures ; l'Ordre des avocats se constitue, réglementant sa discipline ; la procédure s'organise d'une façon régulière. C'est alors que commencent à apparaître les priviléges des pauvres. Le *Livre de jostice et de plet*, qui n'eut jamais, vous le savez, d'autorité législative, mais qui n'en est pas moins un document précieux au point de vue de l'histoire des institutions du temps, est fort explicite. D'après lui, celui qui a juridiction doit veiller à ce que les demandes de chacun soient entendues, et à ce que l'action du pauvre ne soit pas entravée. Un avocat doit être donné à quiconque le réclame, et particulièrement, « savoir, as femes, pouvres et as orfelines et as orfelins ou as foibles genz ou à cels qui ne savent demender lor droiture. Et se aucuns li dit qu'il ne poet avoir avoquaz por le poer à son adversaire, il le li convindra donner, car il ne convient pas que le plus fort trète mal le fèble (1). »

Un siècle plus tard, en 1364, Charles V, dans son ordonnance *sur l'administration de la justice aux requêtes du palais*, s'exprime ainsi (art. 6) : « Nous voulons et commandons estroictement que tous les avocats et procureurs fréquentans et qui fréquenteront le siége des dites requestes, soient au Conseil, pour Dieu, des povres et miserables personnes qui y plaident et y plaideront, et que, en ce, nos dites gens contraingnent les dits avocats et procureurs, et que à telles et pour telles povres et miserables personnes nos dites gens, quand les cas y escherront, facent pour Dieu leurs requestes et pièces et les ayent diligemment et les delivrent briefment. »

François Ier, dans son édit du 30 août 1536 *sur le fait de la justice dans le duché de Bretagne* (art. 39), ne parle pas autrement : « Et s'il advenoit quelques povres et miserables personnes qui par leur pauvreté ou par l'authorité et crainte de leurs parties ne peussent recouvrer de Conseil, ordonnons aux juges de leur en bailler, et néanmoins de punir et mulcter les avocats et procureurs qui sans cause raisonnable auraient fait refus d'en prendre la charge. »

En novembre 1563, Charles IX obligeait les plaideurs à consigner certaines sommes avant d'engager l'instance, mais exemptait de cette formalité les pauvres, les hôpitaux et les maladreries.

Enfin, le 6 mars 1610, un arrêt du Conseil d'Henri IV faillit organiser l'assistance judiciaire d'une façon complète et définitive : « Sur ce qui a esté remonstré au Roy, dit cet arrêt, qu'un grand nombre de veufves, orfelins, pauvres gentilzhommes, marchans, laboureurs et autres personnes miserables, faute d'estre assistez et secourez, les ungs de

_____

(1) Liv. I, tit. xxxi, § 4.

Conseil, aucuns de quelque peu d'argent, les autres de tous les deux ensemble, laissent journellement perdre leurs biens et leurs droictz, soit en demandant ou en defendant, et n'ont moyen de faire les poursuites et fraiz nécessaires en leurs instances et actions intentées ou à intenter civiles ou criminelles ès Cours, tant souveraines, ordinaires que subalternes de son royaume, à cause des grands fraiz qui se font en justice, et qu'il n'est pas raisonnable que soubz pretexte du peu de charité qui se voit aujourd'hui, ses subjectz, faute de Conseil ou de quelque peu d'argent, ou de tous les deux, soient abandonnés à la mercy, injure, opression et calomnie de plus puissans qu'eux, perdent miserablement leurs biens et honneurs, et par ce moyen tumbent souvent ou pourraient (s'il n'y est remedié) tumber en d'estranges malheurs, inconvenients et calamités. Le Roy en son Conseil, meu d'une affection charitable et paternelle envers son pauvre peuple, desirant pourvoir à l'advenir que la justice soit rendue en toute sincerité aux veufves, orfelins, pauvres gentilzhommes, marchans, laboureurs, et generalement aux personnes reduittes à telle misere et necessité qu'ils n'ont pas moyen de poursuivre leurs instances, droictz et actions intentés ou à intenter civiles ou criminelles : a ordonné et ordonne qu'en toutes lesdites Cours, tant souveraines, ordinaires que subalternes, seront commis et deputez des advocats et procureurs pour les pauvres, en tel nombre qu'il sera advisé en son Conseil, selon la grandeur et nécessité de chacune Cour ou siége, lesquels seront tenus d'assister de leurs conseils, industrie labeur et vacation tous ceux de la susdite généralité, sans néanmoins prendre d'eux aucune chose tant petite soit-elle, soubz quelque prétexte que ce soit, sur peine de concussion, se contentans de leurs simples gages, sallaires et prerogatives qu'il plaira à Sa Majesté attribuer aux dits avocatz et procureurs qui seront commis et choisis comme plus capables et gens de bien, et iceux entretenuz aux dites charges tant qu'ils y feront ce qui sera de leur devoir. »

Cette décision, Messieurs, n'était pas autre chose que l'importation en France de l'institution des avocats des pauvres de Savoie, dont je vous entretiendrai plus loin. L'assistance judiciaire, chez nous, allait entrer dans une nouvelle phase, une phase de vie ; malheureusement le poignard de Ravaillac fit, deux mois après, avorter cette belle entreprise. L'arrêt du 11 mars 1610 ne reçut jamais d'exécution, et, sans Boucher-Dargis, qui le mentionne dans son *Histoire abrégée de l'Ordre des avocats*, il dormirait probablement oublié dans les cartons des Archives nationales.

Il ne faudrait pas de ces textes isolés, peu nombreux, peu explicites, conclure que, sauf de rares exceptions, les intérêts des malheureux étaient négligés : ce serait commettre une erreur et perdre de vue l'organisation de notre ancienne France. Si le roi seul avait, en principe, le pouvoir législatif, en fait il n'était pas seul à l'exercer ; les ordonnances laissaient à l'initiative de chacun beaucoup plus que nos lois modernes. Elles posaient les têtes de chapitres, il appartenait à d'autres d'en tirer les conséquences : je fais allusion aux Parlements. Or il y avait dans ces grands corps judiciaires des traditions de générosité, de désintéressement, de bienveillance que les générations nouvelles recevaient précieusement des générations anciennes. Il suffit de parcourir les vies des anciens magistrats, leurs discours et surtout leur correspondance privée, pour voir quelle idée élevée ils se faisaient de la justice et de son égale répartition entre tous. Mais, novateurs timides, ils ne prenaient pas en eux-mêmes, dans cette conception élevée mais abstraite du droit, le principe des mesures charitables qu'ils édictaient, afin de suppléer par quelques avantages à l'isolement et l'inexpérience des déshérités de la fortune. Il leur fallait des textes ; ils les demandèrent au droit romain, cette mine inépuisable d'où ils savaient extraire tant de choses nouvelles. C'était, du reste, dans l'esprit du temps. Les textes empruntés furent les constitutions de deux empereurs chrétiens, promulguées l'une en 334, l'autre en 370.

Dans la première (1), Constantin défend de forcer les pupilles, les veuves et autres misérables personnes à plaider hors de leur province, alors même que leurs adversaires auraient obtenu un rescrit du prince évoquant la cause devant le tribunal suprême. Bien plus, il donne à ces mêmes personnes la faculté d'exercer le droit qu'il refuse d'invoquer contre elles : elles pourront toujours, sur simple requête, appeler *de plano* leurs adversaires devant la juridiction impériale. Ce droit d'évocation est un des cas où les anciens juristes disaient qu'il y avait *privilége du for*.

Dans la seconde constitution (2), Valentinien et Valens, considérant, disent-ils, combien il importe à la bonne administration de la justice que l'égalité règne entre les parties, et voulant empêcher que l'une d'elles n'accapare tous les avocats habiles, l'autre se trouvant réduite à n'avoir pour défenseurs que des jeunes gens inexpérimentés, Valentinien et Valens, dis-je, imposent au juge le devoir de répartir d'une façon égale les avocats entre les plaideurs ; que si celui qui a été désigné pour l'une des parties lui refuse son ministère sans de justes motifs, on devra prononcer contre lui l'interdiction du barreau.

Massuer, qui écrivait au commencement du XVᵉ siècle, nous atteste l'existence du privilége du for au profit des pauvres. Il dit de la loi de Constantin : *Servatur in multis resortis regis* (3).

---

(1) L. unic., C., *Quando imperator.*
(2) L. 7, C., *de postulando.*
(3) Pratica forensis, *de remissionibus.*

Le Parlement de Bordeaux appliquait ces deux constitutions. C'est ce que nous apprend Brillon dans son *Dictionnaire des arrêts* (v° *pauvres*), relativement au privilége du for, c'est-à-dire au droit donné à l'indigent d'assigner directement son adversaire devant le Parlement : « Pauvre arresté et reconnu peut plaider en première instance à la Cour. » Ce qui est conforme, ajoute-t-il plus loin, à la loi rapportée sous le titre *Quando imperator inter pupillos*. Il cite à l'appui un arrêt du 29 avril 1701 (1).

Le même arrêtiste nous apprend que le Parlement de Paris évoquait aussi les causes des pauvres et en connaissait souvent en première instance.

A Grenoble, mêmes priviléges : les fermiers du dauphin devaient faire porter au greffe, et cela sans frais, les actes concernant les indigents, auxquels on donnait ensuite avocat et procureur. Dans ses notes sur Guy-Pape, Chorier nous apprend que cette disposition *de droit commun dans les pays de droit écrit*, comme venant de la loi *Quando imperator inter pupillos*, était encore du droit particulier du Dauphiné par le statut du gouverneur Jacques de Montmaur de l'an 1399, et par celui de Guillaume de Layre de l'an 1400. « Les pauvres, ajoute-t-il, sont si particulièrement sous la protection du Parlement, que même, pour les favoriser, il ne s'arrête pas quelquefois aux règles de l'ordre et des formes judiciaires : il les restitue sans le secours de lettres royaux. Ainsi rescinda-t-il, par arrest du 30 juillet 1615, une transaction qu'une pauvre femme avait faite avec le sieur de Brunieres, gentilhomme habile, sans y avoir été assistée de personne, quoiqu'elle n'en fût pas relevée par lettres royaux, comme elle aurait du l'être (2). » Un peu plus loin, le même

(1) Cf. etiam : Bernard Automne, *Conférence du droit français avec le droit romain* ; Lapeyrère, *Décisions summaires du palais*.
(2) Jurisprudence de Guy-Pape, 1650, p. 80 et suiv.

jurisconsulte, résumant toujours Guy-Pape, nous apprend encore que le Parlement accorde des provisions aux plaideurs qui en ont besoin pour soutenir instance, principalement dans les cas de pétition d'hérédité. J'ai vu, ajoute Guy-Pape dans le texte même de ses décisions, le cas se présenter souvent : *Et ita pluries vidi in dicta curia Parlamenti fieri et observari.* Les juges eux-mêmes seraient obligés de fournir les choses nécessaires pour éviter aux pauvres la perte de leurs actions, s'il n'y avait pas d'autres moyens de les secourir. Enfin, devant le même Parlement, on allait jusqu'à décider qu'au cas où un pauvre plaidait contre un riche, le juge pouvait forcer ce dernier à fournir de ses propres deniers un avocat à son adversaire. C'est ce qu'atteste, à propos des précédentes décisions, Mathæus, un autre annotateur de Guy-Pape.

Il n'en était pas différemment devant le Parlement de Toulouse. D'abord nous venons de voir que l'application des lois 7 au Code *De postulando* et unique *Quando imperator* était de droit commun dans les pays de droit écrit ; ensuite c'est bien du Parlement de Toulouse que Laroche-Flavin, jurisconsulte toulousain, semble parler, lorsque, dans ses *Treize livres des Parlements*, après avoir indiqué les devoirs de l'avocat, il affirme l'existence d'arrêts sanctionnant ces devoirs. « Le juge, dit-il encore, doibt contraindre l'avocat à plaider gratis pour un pauvre homme qui n'a rien, *et doibt le juge plustot de ses frais fournir cette dépense ;* et l'avocat refusant de ce faire doibt être privé de la postulation. » (Liv. III, ch. v.)

Brillon, dans le Dictionnaire déjà cité, nous apprend qu'un arrêt du Parlement de Bretagne du 17 octobre 1572 avait fait commandement aux substituts du procureur général « de prendre en l'audience la cause des pauvres, sur les peines qui y échéent ».

Enfin, dans le ressort du Parlement de Flandre, les

pauvres étaient admis à plaider gratuitement et exemptés
tant des honoraires dus aux officiers ministériels et aux
avocats que des droits de timbre, d'enregistrement, de
greffe, etc. (1).

II.

J'en ai fini, Messieurs, avec ce que je pourrais appeler
la législation, le code des pauvres. Nous avons vu comment
l'indigent est jugé ; il nous reste à voir comment il arrive
jusqu'à son juge et comment il se fait entendre de lui. Je
vais, dans cette seconde partie, vous présenter rapidement
les diverses institutions organisées dans le but de faciliter
aux pauvres la revendication de leurs droits. Ces institutions étaient multiples dans leur principe et dans leurs
formes. Tantôt les *misérables personnes* (expression générale qui embrassait, nous l'avons vu, les pauvres, les veuves
et les orphelins) sont représentées par un magistrat spécial,
tantôt c'est un Conseil formé au sein de l'Ordre des avocats
qui, à certains jours, se met à la disposition des pauvres. A
un autre point de vue, tantôt la charité privée organise le
secours, tantôt c'est l'autorité supérieure, tantôt enfin l'initiative appartient tout entière au barreau.

De tout cela il ne nous reste malheureusement que peu
de choses : à peine quelques documents qui, le plus souvent, sont loin de répondre aux recherches qu'il faut faire
pour les découvrir. C'est dans les archives locales, dans les
papiers de chaque présidial qu'il faudrait fouiller, car l'his-

(1) Merlin, *Répertoire*, Suppl. de 1825, p. 291.

toire générale ne donne rien. Si le souvenir du bien accompli est éternel, ce n'est pas, semble-t-il, dans la mémoire des hommes, qui garde mieux la trace d'un scandale ou d'un crime que celle d'un bienfait. Les institutions dont je vous entretiens ont vécu, faisant le bien chaque jour, sans bruit : on les a oubliées. Comme l'archéologue, nous allons essayer de les reconstituer, en rassemblant les documents épars çà et là.

Le système le plus complet de représentation imaginé en faveur des indigents nous est offert par une province long-temps française et qui l'est redevenue depuis peu : je veux parler de la Savoie. L'avocat des pauvres paraît y remonter à une assez haute antiquité, et les princes à qui cette province a appartenu n'ont jamais cessé d'entourer de leurs soins cette belle magistrature.

Il y avait des avocats des pauvres, à Chambéry, dès le commencement du xive siècle. Quelle était leur origine? quelles étaient leurs attributions? c'est ce qu'il est fort difficile de dire aujourd'hui d'une façon précise. Ce n'est qu'à partir de la fin du xve siècle que nous commençons à posséder des données plus exactes. En 1477, Amédée VIII ne crée pas, mais confirme l'établissement de l'avocat des pauvres : « De crainte, dit-il, que le défaut de ressources pécuniaires n'empêche les personnes indigentes et misé-rables de faire valoir leurs droits par devant nos Conseils, nous voulons qu'un avocat général des pauvres réside con-tinuellement dans notre ville de Chambéry, et qu'on choi-sisse pour cet office un homme capable et de grande probité. Il défendra les causes des gens dénués de fortune devant nos Conseils, nos tribunaux inférieurs et même devant les tribunaux ecclésiastiques. Il sera payé par nous et n'exigera des parties aucun salaire (1). »

(1) *Statuta Sabaudiæ*, lib. II, cap. i.iii.

Pendant longtemps, le bureau des pauvres ne se composa que d'un avocat, d'un procureur, d'un actuaire ou greffier. Ces personnages recevaient un traitement fixe annuel.

En 1680, Marie-Jeanne-Baptiste, tutrice de Victor-Amédée II, ajouta à cette organisation ; à sa tête elle plaça un sénateur chargé d'examiner les suppliques de ceux qui sollicitaient le bénéfice de l'assistance, et de surveiller dans l'exercice de leurs fonctions l'avocat, le procureur et le greffier des pauvres. Elle régla en outre la procédure à suivre dans les procès des indigents. En 1723, le bureau des pauvres fut placé sur le même rang que le ministère public, et le titre d'avocat des pauvres donna droit aux mêmes prérogatives que celui de sénateur. Ces dispositions, modifiées seulement dans leurs détails par d'autres constitutions de 1729, de 1770 et de 1822, ont régi la Savoie jusqu'au jour où elle redevint française.

Après ces notions sur l'histoire de l'avocat des pauvres, voyons quelles étaient ses attributions, qui étaient doubles : civiles et criminelles. Occupons-nous d'abord des premières.

Auprès de chaque Sénat (nous dirions aujourd'hui de chaque Cour), il y avait un bureau des pauvres, composé, comme nous l'avons dit, d'un avocat et d'un procureur, assistés chacun d'un certain nombre de substituts. L'avocat, qui avait la direction du bureau, examinait l'indigence de celui qui demandait à être assisté, et, une fois cette indigence vérifiée, s'occupait de la défense de l'assisté. Le procureur (ou, pour parler le langage moderne, l'avoué des pauvres) était chargé d'occuper pour les indigents. Enfin les substituts, recrutés parmi les jeunes gens se destinant au barreau ou à la magistrature, avaient pour mission d'aider l'avocat et le procureur dans l'instruction et la plaidoirie. Pour arriver aux fonctions judiciaires élevées, il fallait avoir passé par le bureau des pauvres comme avocat ou comme substitut, et les jeunes avocats, pour être admis au tableau des avocats au Sénat, devaient faire d'abord une année de stage chez l'avocat des pauvres. Une conséquence de ces dispositions, c'est qu'on prenait l'avis de ce dernier toutes les fois qu'un jeune homme demandait à occuper une fonction judiciaire.

Un indigent voulait-il obtenir son admission à l'assistance, il adressait, par l'intermédiaire du procureur, une requête à l'avocat des pauvres. Cette requête était accompagnée d'un certificat délivré par le syndic ou maire de la commune de son domicile, et destiné à constater l'indigence du requérant. L'avocat l'examinait, prenait telles informations qu'il jugeait utiles, et prononçait en dernier ressort sur la question d'indigence, sauf son droit de retirer l'assistance si, plus tard, il découvrait quelque fraude. Il y avait ensuite à voir si la demande paraissait fondée, et c'est alors que l'institution nous apparaît avec un avantage qu'on n'a peut-être pas atteint depuis. L'avocat va devenir un véritable juge conciliateur, car, dans son examen, il pourra être conduit à un triple résultat : ou bien la demande ne lui paraissait pas recevable, et il la rejetait purement et simplement ; ou il l'admettait ; ou enfin il appelait devant lui demandeur et défendeur, et s'efforçait de les concilier en les amenant à une transaction. Il évitait ainsi des frais souvent inutiles et les discussions qui vont toujours en s'envenimant. Son ascendant était considérable, car, d'une part, il était un véritable magistrat, et, d'autre part, il tenait sous sa main le demandeur rebelle à l'idée d'une sage conciliation, en le menaçant de lui refuser le bénéfice des pauvres.

La pauvreté du plaideur une fois constatée, la recevabilité de sa demande reconnue, l'avocat des pauvres émettait un avis favorable, sur le vu duquel le président du Sénat ou le juge mage délivrait une ordonnance admettant l'indigent au bénéfice des pauvres. L'instance s'engageait alors, et l'avocat, assisté du procureur et des substituts, était chargé de la diriger. Juge, il n'y a qu'un instant, de l'indigence du plaideur, il redevient simple avocat. Disons encore que les droits de timbre et d'enregistrement étaient enregistrés en débet, sauf à en faire payer le montant à la partie adverse, si elle perdait.

Ainsi gratuité des services de l'avocat et du procureur des pauvres, remise des autres frais de l'instance, obligation pour les jeunes avocats et les futurs magistrats de faire au bureau des pauvres une sorte de noviciat, tels sont les caractères de cette belle institution, que beaucoup de publicistes et de magistrats ne craignaient pas de proposer à la France en 1850 (1).

Je n'ai jusqu'ici, Messieurs, parlé que des attributions civiles du bureau des pauvres. Or celui-là n'est pas le seul malheureux qui, atteint dans ses intérêts pécuniaires, se voit dans l'impossibilité de se défendre ; il est un autre homme bien plus digne d'intérêt, bien plus abandonné, et à qui est due une protection plus grande. Celui-là pourra plus tard être déclaré coupable : jusque-là il ne l'est pas, il n'est qu'accusé, il doit être présumé innocent. Et cependant, tandis que la justice l'entoure, poursuit ses investigations, fouille dans sa vie, accumule les charges, il est, lui, abandonné de tous ; ses amis eux-mêmes le délaissent ; la foule, trop disposée à juger d'après les apparences, faute de documents précis, et, il faut bien le dire, parce qu'elle est médisante par nature, la foule, dis-je, s'empresse de le proclamer coupable. Resté seul contre tous, il va peut-être succomber ; mais quelqu'un se lève, quelqu'un, son *défen-*

(1) Cf. Dubeux, avocat des pauvres, p. 161 et *passim*. — Comptes rendus de l'Académie des sciences morales et politiques dans la *Revue de législation*, t. XXX.

seur-né, qui le guidera à travers les chemins difficiles qu'il va avoir à parcourir. Ce défenseur, ce sera l'avocat des pauvres. A Dieu ne plaise, Messieurs, que je prétende critiquer par un parallèle nos institutions modernes ; mais qu'il me soit permis de payer en passant mon tribut d'admiration à la législation qui, dès le premier jour, donne un protecteur au prévenu, à cette législation qui, en présence du magistrat personnifiant l'accusation, place un autre magistrat, ayant rang égal, chargé de représenter la défense. La lutte ne semble-t-elle pas alors plus égale entre l'accusé et l'accusateur ?

L'avocat des pauvres de Savoie avait d'abord une mission de surveillance en ce qui concernait les prisons préventives. Accompagné du procureur, il devait, aux termes des royales constitutions de 1770, les visiter toutes les semaines, voir la condition des prévenus, recevoir leurs réclamations, et, au moyen de rapports, porter ces réclamations devant qui de droit. Puis son ombre tutélaire n'abandonnait pas un seul instant l'accusé. Les dossiers passaient entre ses mains, il les compulsait avec le procureur des pauvres, et c'était lui qui, en principe, devait présenter la défense du prévenu devant le tribunal ou les assises. Cette dernière attribution ne lui était pas toutefois exclusivement réservée, car le prévenu pouvait, s'il le préférait, se choisir un autre défenseur. Cependant, même dans ce cas, l'avocat des pauvres restait derrière ce défenseur, prêt à l'aider, à suppléer à son insuffisance, et comme pour dire par sa présence que, si l'accusation a des droits, la défense est aussi sacrée.

Une autre ville du midi va nous offrir une institution présentant de l'analogie avec celle que je viens de décrire.

L'origine de l'avocat des pauvres de Nîmes se place au xvᵉ siècle. Son fondateur s'appelait Louis Raoul ; il était avocat, bachelier ès lois. « Riche du patrimoine de sa famille, nous dit un de ses biographes, il s'était consacré à la défense des opprimés, des veuves et des orphelins... Sa vie toute entière fut un long acte de dévouement à la justice et à la charité, et il ne voulut pas que les bornes en fussent restreintes aux limites d'une existence humaine, il voulut en assurer le bienfait pour toujours au pays dans lequel il avait vécu. »

C'est dans son testament qu'il jette les bases de l'institution, établit les conditions de son existence et de son fonctionnement. Aucun détail ne semble lui échapper. Ce testament est un véritable code, mais un code où, tout en réglementant le côté matériel, l'homme, je ferais peut-être mieux de dire le chrétien (1), ne perd pas un seul instant de vue le but élevé de l'œuvre qu'il poursuit avec tant de désintéressement. Analyser à grands traits ces dernières volontés de l'avocat nimois suffira pour vous montrer ce qu'était cette belle institution, qui fonctionnait encore en 1851.

Après avoir réglé les détails de ses funérailles, les prières qui devront, pour le repos de son âme, être dites après sa mort, et avoir fait différentes dispositions au profit de sa femme ainsi que de quelques collatéraux, il institue sa sœur pour héritière mais à la condition qu'à la mort de celle-ci « soient héritiers et propriétaires de ses biens les pauvres, les veuves, les pupilles, les orphelins et toutes les personnes malheureuses qui, dans la poursuite et la défense de leurs droits, manqueront d'un appui et d'une protection. Et je veux, ajoute-t-il, qu'il y ait à perpétuité dans la présente ville de Nîmes, un avocat des pauvres qui soit à demeure

____

(1) Il suffit, pour la justification de cette expression, de renvoyer à l'ensemble et en particulier au préambule de cet acte. Notons ici que le texte du testament de Louis Raoul est en latin, et que nous faisons cette analyse d'après la traduction publiée dans l'*Histoire de Nîmes*, par D. Nisard.

fixe dans la maison que j'habite, et qui en touche les fruits, usufruits et revenus quelconques tant qu'il vivra et exercera cet emploi.... L'avocat des pauvres devra être nommé par les officiers royaux et par les consuls de la ville, à tour de rôle. Avant l'élection, ceux qui seront chargés de la faire jureront sur l'Évangile qu'ils ne donneront leur voix qu'à un homme habile, capable, à la hauteur de sa tâche, et surtout probe, fidèle et diligent. » Après avoir réglementé l'élection, Raoul trace la mission de son avocat: une fois élu, il devra jurer lui-même sur les livres saints « de bien et fidèlement remplir les devoirs de sa charge, de ne point se montrer dur aux pauvres, ni d'un accès difficile; de poursuivre activement leurs causes et de faire toutes les démarches nécessaires en temps convenable. Il ne pourra exiger aucun salaire des pauvres et des personnes malheureuses qu'il aura aidées de ses conseils, ni même accepter ce qu'on pourrait lui offrir. Deux fois par semaine, il visitera les prisonniers de la ville de Nîmes, leur demandera les causes de leur détention, sollicitera, autant que faire se pourra, leur élargissement auprès des officiers royaux..... Et je prie, ajoute-t-il textuellement, messieurs les officiers royaux et messieurs les avocats près les Cours de Nîmes d'avoir quelque considération pour les pauvres et leur avocat, et de hâter autant qu'ils pourront la marche de la justice..... Je veux et ordonne, dit-il encore un peu plus loin, que sitôt que ledit avocat des pauvres sera entré en charge, on inscrive sur une pierre, au-dessus de la porte de ma maison : *Maison de l'avocat des pauvres.* Cette maison, je le répète, doit être la demeure fixe dudit avocat; et au cas où il irait loger ailleurs, ou refuserait d'habiter dans ladite maison, je ne veux pas qu'il continue sa charge, ni qu'il en touche les émoluments, mais qu'un autre soit nommé dans sa place en la forme et aux conditions précitées. »

Telle est, Messieurs, la partie du testament de Louis

Raoul qui nous intéresse directement, et, je le déclare, il
est difficile de trouver rien de plus grand, de plus touchant,
et en même temps de plus simple que la façon dont il trace
les devoirs de l'avocat ; jamais on ne dit mieux ce que doit
être cet homme qui ne se montrera pas dur au pauvre, ni
d'un accès difficile, qui poursuivra activement les causes
des indigents et fera pour eux toutes les démarches nécessaires en temps utile, de cet homme qui devra mettre sur
sa porte : *Maison de l'avocat des pauvres*. Jamais on ne jeta
les bases d'une plus belle institution avec autant de modes-
tie, d'oubli de soi. Sa préoccupation n'est pas de donner de
l'éclat à son œuvre ; on ne voit là aucun de ces petits détails
où perce si souvent l'amour-propre des plus grands bien-
faiteurs de l'humanité. Une seule chose l'absorbe : assurer
un long et normal exercice à son œuvre. Dans un seul
endroit, il met sa personnalité en avant : c'est lorsqu'il
recommande d'une façon particulière aux soins des futurs
magistrats des pauvres les habitants du lieu de Bernis, son
pays natal.

La Providence bénit l'œuvre du vieil avocat. Elle traversa
les siècles, et, en 1851, la demeure de Louis Raoul était
encore la maison de l'avocat des pauvres : la Révolution
l'avait respectée. Celui qui l'occupait alors n'avait pas un
seul instant cessé, durant cette époque tourmentée, d'exercer ses fonctions, devenues cependant pleines de péril, et
l'on rapporte qu'il eut le bonheur d'arracher un certain
nombre de victimes aux tribunaux révolutionnaires.

Tout, Messieurs, porte à croire que, dans le midi de la
France, les avocats des pauvres de Nîmes et de Chambéry
ne furent pas des institutions isolées. Sola, un commenta-
teur des Constitutions sardes qui écrivait au xvii⁰ siècle,
atteste positivement l'existence en France d'institutions ana-
logues à celle de l'avocat des pauvres de Savoie (1). En 1847,

(1) *Commentaria Antonii Solæ*, édit. de Turin, 1625, p. 311.

un membre de l'Institut dont tout le monde connaît la compétence dans les questions se rattachant à l'histoire du droit, et qui a professé longtemps à Aix, M. Giraud, disait à l'Académie des sciences morales et politiques : « L'institution de l'avocat des pauvres existait autrefois dans le midi de la France et elle y a été abolie ; on s'est alors borné à y substituer quelques immunités en faveur des indigents (1) ». Le savant académicien ne pouvait faire allusion aux avocats de Nîmes et de Chambéry qui subsistaient encore ; il est seulement à regretter qu'il n'ait pas fourni plus de détails sur ce point.

Dans le centre et dans le nord de la France, je veux parler du ressort du Parlement de Paris, l'indigent semble sous la protection immédiate du barreau, et pour les membres de l'ordre ce n'est pas ce qui rehausse le moins leur profession.

« Les advocats, dit Larocheflavin, doivent embrasser aussi bien les causes des pauvres contre les riches et des petits contre les grands qu'au contraire ; estant ce un vray acte d'homme de bien et procedant d'un cœur genereux. La justice (disent aucuns philosophes) n'est autre chose qu'un consentement et inspiration des petits contre les grands et puissants. *Tibi derelictus est pauper*, dit l'Écriture, *et orphano tu eris adjutor* ». « Ils doivent donc prendre la deffense des pauvres, bien que ce soit sans esperance de recompense (2). »

Loysel termine son célèbre *Dialogue des advocats* en s'adressant aux jeunes gens qui l'entourent et en les « exhortans *surtout* à servir de deffense aux innocents, aux veufves et aux orphelins contre l'oppression des plus puissants, selon le commandement de Dieu. »

(1) *Revue de législation*, t. XXX.
(2) *Les XIII Liv. des Parlements*, liv. III, ch. III, n° 32.

Camus, traçant, dans ses *Lettres nécessaires à l'exercice de la profession d'avocat*, la silhouette de l'avocat qu'il propose comme modèle, s'écrie : « ....regarder le bonheur de tendre une main secourable au pauvre comme une recompense preferable à la reconnaissance la plus expressive des grands et des riches ; défendre ceux-ci par devoir, ceux-là par intérêt, tels sont les traits qui caractérisent l'avocat (1). »

D'Aguesseau, dans son discours sur *l'indépendance de l'avocat*, ne s'exprime pas autrement : « Que les faibles et les malheureux trouvent dans votre voix un asile assuré contre l'oppression et la violence, et, dans ces occasions dangereuses où la fortune veut éprouver sa force contre votre vertu, montrez-lui que vous êtes affranchis de son pouvoir et supérieurs à sa domination. »

Voilà l'enseignement. Voici maintenant comment on le mettait en pratique. Je n'ai point à vous parler ici de ces actes de noble désintéressement dont on retrouve la trace à chaque instant dans nos archives, de Guy Coquille qui, au dire d'un annotateur du *Dialogue des avocats*, « décimait son gain mis en bourse pour les pauvres honteux, dont il s'enquestait bien soigneusement, ne manquant point de leur payer cette dixme ainsi qu'une chose deüe par semaine ou par mois. » Je n'ai pas non plus à vous entretenir de ces autres avocats, cités par le même auteur, qui donnaient aux pauvres tout ce qu'ils gagnaient « aux festes et dimanches »; ni de cet autre qui déposait « à la boiste des pauvres, tous les mois, 100 francs du gain qu'il faisait en sa vacation ». Tout cela n'est que vertu privée ; et s'il en ressort un grand honneur pour la corporation à laquelle de pareils hommes appartiennent, ce n'est pas l'œuvre de la corporation, prise en tant qu'être moral, le seul sujet qui doive m'occuper ici. Or voici ce qui se pratiquait à Paris.

(1) Édit. Dupin, 1832, p. 263.

Boucher d'Argis, après avoir mentionné l'essai infructueux d'Henri IV, et constaté que le dessein du bienfaisant monarque était demeuré sans effet, ajoute : « Mais les avocats y ont suppléé, chacun en leur particulier, par le zèle et le desinteressement avec lequel ils ont toujours soutenu les intérêts des pauvres. » Ces paroles font allusion aux consultations de charité, ainsi que l'auteur prend lui-même le soin de nous l'apprendre un peu plus loin. A certains jours de la semaine, six anciens avocats, désignés à tour de rôle, se mettaient à la disposition des pauvres qui se présentaient et leur délivraient gratuitement des consultations. Un d'entre les stagiaires présents étudiait la question, fournissait un rapport, et c'est ce rapport, adopté par l'assemblée, qui constituait la consultation. Procédé excellent, qui vouait les premiers travaux du jeune avocat à l'accomplissement d'un devoir de charité, et qui, tout en le formant à la pratique des affaires, liait le souvenir de ses premiers labeurs au souvenir d'une bonne action.

Ainsi organisées, les conférences fonctionnèrent jusqu'à la Révolution, et nous les verrons renaître dans notre xixe siècle avec les mêmes caractères. Tous les écrivains sont d'accord pour constater qu'elles ne cessèrent de donner les meilleurs résultats.

L'exemple des avocats au Parlement de Paris ne dut pas rester sans imitateurs dans les juridictions ressortissantes de la Cour suprême. Malheureusement, je l'ai déjà constaté, il en est resté peu de traces. Cependant recueillons précieusement quelques détails relatifs à l'organisation de l'assistance dans une ville voisine. A la Rochelle, il existait une conférence composée d'avocats et de quelques magistrats. Elle tenait ordinairement deux séances par mois. Ses occupations étaient doubles : discuter, élucider, d'une part, les points obscurs de la coutume d'Aunis ; fournir, d'autre part, des consultations aux indigents. Elle

fonctionna jusqu'à la Révolution, et, tant par sa science
que par l'esprit de charité qui la guidait et le bien qu'elle
fit, elle est digne de garder la plus belle place dans les traditions du barreau de la Rochelle. De plus, et en dehors de
la conférence, chaque avocat était, à tour de rôle, désigné
pour défendre à la barre, pendant un mois, les détenus qui
n'avaient pas fait un autre choix (1). De cet usage, ainsi
que de la conférence, je ne veux, Messieurs, retenir qu'un
détail qui confirme l'opinion émise plus haut : c'est qu'ici,
comme à Paris, l'assistance est l'œuvre du barreau, tandis
que dans les pays de droit écrit, sous l'influence de la législation romaine, notre Ordre n'a qu'un rôle secondaire,
les indigents ont un représentant attitré, véritable magistrat.

III.

Quand, après la tourmente révolutionnaire, il fut donné
à notre Ordre de se reconstituer, le législateur confirma
la vieille tradition des pays de droit coutumier, qui faisait
de l'avocat le défenseur naturel de l'indigent. L'article 24
du décret du 14 décembre 1810 ne fit que remettre en
vigueur ce qui s'était pratiqué au Parlement de Paris avant
1789, en confiant au Conseil de discipline le soin de pourvoir à la défense des indigents, par l'établissement d'un
bureau de consultations gratuites hebdomadaires, en obli-
geant les stagiaires à suivre assidûment les délibérations

(1) Je dois les renseignements qui précèdent à l'obligeance d'un
membre érudit du barreau de la Rochelle, M. Avril de la Vergnée.

des bureaux, en appelant à la direction de ces réunions les avocats plus anciens, à tour de rôle.

Sous l'influence de ces dispositions, tous les barreaux de France érigèrent des bureaux de consultations. Voici l'usage pratiqué à Paris. Les consultations étaient distribuées aux secrétaires et discutées en assemblée des stagiaires. Une fois par semaine, un Conseil, dont la composition a varié, mais qui se composait, en principe, d'avocats pris simultanément parmi les anciens, les modernes et les jeunes, ce conseil, dis-je, se réunissait pour entendre le rapport du secrétaire de la conférence sur l'affaire qui lui avait été confiée ; si le rapport ne paraissait pas suffisant, un membre du Conseil s'en chargeait, et le Conseil délibérait sur ce nouveau rapport. Si l'affaire était jugée bonne, un avocat était chargé de la défendre ; quelquefois une transaction prévenait la décision de justice ; si, au contraire, l'affaire était regardée comme mauvaise, tout était fini, elle n'avait pas de suite (1).

Des barreaux de province, les uns, à l'image de celui de Paris, établirent le bureau des consultations gratuites dans la conférence des jeunes avocats, les autres le tinrent dans le Conseil de l'Ordre, d'autres enfin nommèrent chaque année un certain nombre de membres destinés à composer ce bureau. Leurs noms étaient portés à la suite du tableau. A Grenoble, on désignait vingt-quatre avocats inscrits, vingt-quatre stagiaires, et, chaque mois, deux des inscrits, deux des stagiaires étaient chargés du service des consultations et des plaidoiries pour les indigents. A la Rochelle, on conserva l'usage de désigner tous les mois un avocat pour défendre les indigents devant la justice.

Du reste, en agissant ainsi, on se pénétrait bien de cette idée qu'on ne faisait que continuer les vieilles traditions de

_____

(1) *Revue de législation*, t. XXX, compte rendu des séances de l'Académie des sciences morales et politiques.

désintéressement et de commisération pour l'infortune, que n'avait cessé de conserver l'Ordre avant la Révolution. « Venez à nos conférences, disait, en 1829, aux stagiaires, celui qui, plus tard, devait être le procureur général Dupin, et qui déjà se trouvait à la tête du barreau de Paris, venez à nos conférences, apprenez à y discuter brièvement et nettement, comme aussi à délibérer et à rédiger ces consultations que nous sommes en possession de donner aux indigents, en y apportant tout à la fois cette sollicitude qu'attend de nous le malheureux qui implore notre patronage, et cette attention que nous devons mettre à ce que nos consultations ne servent point à entretenir de vaines illusions. »

Ce fut vers cette époque que la question de l'assistance judiciaire entra dans une phase nouvelle. Il ne suffit pas à l'indigent de trouver dans l'avocat et l'avoué des auxiliaires gratuits ; il y a devant la justice d'autres frais à supporter. Il vint donc un jour où l'on se demanda s'il n'y avait pas à faire quelque chose de plus que ce qui s'était fait jusque-là, s'il ne convenait pas d'affranchir complétement les pauvres des entraves qui les empêchaient de défendre devant la justice leurs droits lésés, et même s'il n'y avait pas à mettre plus d'unité dans la façon dont l'assistance judiciaire était administrée par les divers barreaux de France.

Ici, Messieurs, s'arrête ma tâche. J'ai déjà trop longtemps tenu l'attention de ceux qui m'écoutent. Je dirai seulement qu'une réforme complète, demandée plusieurs fois à la tribune, discutée à l'Académie des sciences morales et politiques, préparée par des travaux érudits, aboutit enfin à la loi du 22 janvier 1851.

Ce qu'est cette loi, je ne dois pas davantage vous le dire. Qu'il me suffise de constater une chose : c'est la part faite aux membres de notre Ordre dans les bureaux qu'elle organise, à nos traditions dans sa procédure. Et je ne joindrai à cette observation que l'appréciation qu'a donnée de ce monument législatif un homme éminent, appréciation qui sera pour moi la conclusion de cette étude : « L'Ordre s'est toujours empressé de secourir l'indigence... La nouvelle loi sur l'assistance judiciaire est plutôt un hommage rendu au dévouement des avocats, qu'une obligation imposée à leur ministère (1). »

(1) Mollot, *Règles de la profession d'avocat.*

9 782019 981624